Abnehmen mit Cortisol

John Costello

INHALT

Warum sollte man sich auf Cortisol fokussieren beim Abnehmen?

Die gesamte Gesundheits- und Fitnesswelt scheint einen wesentlichen Punkt vermissen zu lassen: Kalorien steuern den Stoffwechsel nicht, Hormone schon! Und wenn es um Hormone geht, spielt das Stresshormon Cortisol eine entscheidende Rolle.

Je nach Umstand kann Cortisol dein Freund oder dein Feind sein. Die Kalorienbilanz ist wichtig beim Abnehmen, entscheidend aber ist, dass Kalorien nicht deinen Stoffwechsel beeinflussen.

Wenn Hormone im Gleichgewicht sind, schützt Cortisol und verbrennt Fett. Sobald Hormone aus dem Gleichgewicht geraten, gefährdet Cortisol unsere Gesundheit und kann die Aufnahme von Junk Food auslösen (Stress bzw. höhere Cortisolspiegel stehen in Zusammenhang mit minderwertiger Nahrungsmittelauswahl) und damit die Wahrscheinlichkeit der Fettspeicherung erhöhen.

Cortisol, ungeachtet seines schlechten Rufes, ist für eine optimale Gesundheit erforderlich und verbrennt unter günstigen Umständen Fett. Ein chronisch erhöhtes oder kontinuierlich unterdrücktes Cortisol kann schädlich sein. Der Schlüssel ist die Balance. Wir wünschen uns hohe Cortisolspiegel während körperlicher Aktivität. Während des Trainings arbeitet Cortisol mit anderen fettverbrennenden Hormonen zusammen, um die Fettfreisetzung zu erhöhen.

Cortisol spielt sowohl eine Schutz- als auch eine Anpassungsrolle. Es wirkt gegen Entzündungen und gibt auch die körpereigenen Zucker- und Fettreserven frei, um den Anforderungen von Stress gerecht zu werden. Alles, was eine potenzielle Gefahr für den Körper darstellt, führt dazu, dass Cortisol zur „Hilfe" gerufen wird. Cortisol kann Heißhunger auf Junk Food auslösen – gleichzeitig werden die zielorientierten Zentren des Gehirns abgeschaltet und die Belohnungszentren des Gehirns hochgefahren.

Die drei besten Möglichkeiten zur Kontrolle von Cortisol sind die Ernährung, Bewegung und der Lebensstil. Die drei einfachsten Wege, um zu beurteilen, ob Cortisol im Gleichgewicht ist, sind der Hunger, der Appetit und die Energie.

Stresshormone beeinflussen nicht nur, wie viele Kalorien (Quantität) du pro Tag aufnimmst, sie können auch die Qualität der aufgenommenen Kalorien beeinflussen und sogar bestimmen, wie und wo diese Kalorien eingelagert oder verbrannt werden. Aber wie läuft das Ganze konkret ab? Und was kannst du dagegen tun?

Cortisol und die Wechselwirkung anderer Hormone

Viele Menschen sehen Cortisol als ein „bösartiges" Hormon, das Fett speichert und die Muskeln schrumpfen lässt. Tatsache ist, dass es für eine optimale Gesundheit erforderlich ist und unter den richtigen Umständen Fett verbrennt. Es steht außer Frage, dass es in bestimmten Situationen schädlich werden kann, z. B. wenn es chronisch erhöht ist oder kontinuierlich unterdrückt wird. Wenn Cortisol chronisch erhöht oder erniedrigt ist, kann es dein größter Feind sein.

Bei ausgeglichenen Cortisolwerten ist es dein bester Freund. Hormone verhalten sich unterschiedlich, je nachdem, in welcher Umgebung sie sich befinden, z. B. liefert hohes Cortisol in einem kalorienarmen Zustand ein anderes Ergebnis als hohes Cortisol in einem kalorienreichen Zustand.

Dasselbe gilt für Bewegung – du wünschst dir hohe Cortisolwerte bei körperlicher Aktivität, aber niedrige Werte, wenn du festsitzt, dich nicht vom Fleck bewegst. Während des Trainings arbeitet Cortisol mit anderen fettverbrennenden Hormonen, den Katecholaminen (Adrenalin und Noradrenalin) und dem Wachstumshormon (HGH), um die Fettverbrennung zu erhöhen.

Wachstumshormone und Katecholamine, die während des Trainings und der Fastenzeit erhöht sind, beschleunigen das Fettverbrennungspotenzial von Cortisol und unterdrücken dessen Fettspeicherpotenzial.

Nach kohlenhydratreichen Mahlzeiten, wenn Insulin in hohen Mengen vorhanden ist, wird die HSL-Aktivität herabgesetzt, während die LPL-Aktivität erhöht wird. Auf diese Weise vergrößert Insulin die fettspeichernden Eigenschaften des Cortisols und blockiert gleichzeitig seine Fettverbrennungsaktivität.

Das Cortisol ist technisch gesehen sowohl ein fettspeicherndes als auch ein fettverbrennendes Hormon. Denn es erhöht die Aktivität der Lipoproteinlipase (LPL), dem wichtigsten Fett speichernden Enzym des Körpers. Aber es erhöht auch die Aktivität der hormonsensitiven Lipase (HSL), dem wichtigsten fettfreisetzenden Enzym des Körpers. Auf diese Weise vergrößert Insulin die fettspeichernden Eigenschaften des Cortisols und blockiert gleichzeitig seine Fettverbrennungsaktivität.

Cortisol und Insulin blockieren sich auch gegenseitig, indem sie die Empfindlichkeit ihrer jeweiligen Rezeptoren reduzieren. Das bedeutet, dass die Nahrungsaufnahme nicht die einzige Möglichkeit ist, insulinresistent zu werden, sondern auch Stress.

So ist Cortisol wirklich nicht ein fettspeicherndes „Bauchfett-Hormon", wie man es dir beigebracht hat. Insulin und Cortisol zusammen mit einer kalorienreichen Ernährung sind die eigentliche Ursache für Bauchfett.

Weiter von Bedeutung ist die Wechselwirkung vom wichtigsten Fettverbrennungsmotor, der Schilddrüse. Cortisol und die Katecholamine sensibilisieren die Schilddrüsenrezeptoren, sodass niedrige Cortisolwerte auch zu niedriger Schilddrüsenaktivität führen. Hohes Cortisol blockiert die normale Umwandlung von inaktiver Schilddrüse (T4) in aktive Schilddrüse (T3). Wir wünschen uns – um von den fettverbrennenden Eigenschaften der Schilddrüse zu profitieren – weder zu hohe, noch zu niedrige Cortisolwerte.

Es gibt zwei Dinge, die für den Fettabbau notwendig sind – ein Kaloriendefizit und ein hormonelles Gleichgewicht. Cortisol wirkt sich auf den Hormonhaushalt, aber auch auf die Kalorien aus. Cortisol wirkt auf mehrere Hormone, die für den Hunger und Appetit verantwortlich sind. Dazu gehören Leptin, Insulin und Neuropeptid Y (NPY). Das Steuerungs- und Kontrollzentrum deines Stoffwechsels ist ein Bereich des Gehirns, der als Hypothalamus bezeichnet wird. Dies ist das Zentrum deines „Thermostaten". Dieser Bereich muss die Signale der peripheren Hormone wie Leptin und Insulin empfangen, die beide unter normalen Umständen den Hunger stillen.

Chronisch erhöhte Cortisolspiegel verursachen Irritationen im Hypothalamus, was zu einem Rückgang der Hormonrezeptoren führt und damit auch zu einer Hormonresistenz. Hohe Cortisolwerte dämpfen den Sättigungsmechanismus. Dies macht es weitaus unwahrscheinlicher, dass du dich von den Mahlzeiten erfüllt fühlst und viel wahrscheinlicher, dass du bei deinen gegenwärtigen und zukünftigen Mahlzeiten mehr essen wirst.

Cortisol ist auch in Grund für Heißhungerattacken. Durch nicht vollständig verstandene Mechanismen erhöht Cortisol zusammen mit anderen Stresshormonen (z. B. den

Katecholaminen) den Wunsch nach schmackhafteren, kalorienreicheren Lebensmitteln. Es tut dies, während es gleichzeitig die zielorientierten Zentren des Gehirns abschaltet und die Belohnungszentren des Gehirns hochfährt. Dies ist eine ungünstige Kombination, wenn du dich an deine Diät halten möchtest.

Mit anderen Worten, es gibt einen Grund, warum wir lieber eine Pizza oder einen Hamburger essen, wenn wir unter Stress stehen anstatt einer kohlenhydratarmen Vollwertkost.

Neben Cortisol und den Katecholaminen, verursacht auch das Neuropeptid Y (NPY) Stress. Wie gesagt, NPY ist an der Entstehung der Hungergefühle im Gehirn beteiligt. Cortisol beeinflusst NPY im Gehirn, aber auch im Körper.

Wenn du unter **akutem Stress** stehst, werden **Katecholamine und Cortisol** freigesetzt.

Wenn du unter **chronischem Stress** stehst, wird vermehrt **NPY** freigesetzt.

Erhöhte Konzentrationen von NYP und Cortisol aber sorgen dafür, dass vermehrt Fett eingelagert wird. Durch die Freisetzung erhöhter Mengen an NPY wachsen unreife Fettzellen zu reifen Fettzellen heran. Chronisch hohes Cortisol macht den Körper empfindlicher auf diese fettspeichernde Wirkung von NPY. Mit anderen Worten, NPY erhöht das Wachstum der Fettzellen und Cortisol macht diesen Prozess effizienter.

Zusammengefasst:

Cortisol kombiniert mit Katecholaminen – bei akuten, vorübergehenden Stress – kann uns dabei helfen **Fett zu verbrennen.**

Cortisol in Kombination mit NYP – wie es bei chronischen Stress erhöht der Fall ist – ist gleichbedeutend mit einer **erhöhten Fettspeicherung.**

Negative Auswirkungen von Cortisol

Cortisol kann katabole Auswirkungen auf deine Muskulatur haben. Auf der einen Seite brauchen wir Cortisol um Energie zu produzieren, aber wenn wir zu viel davon haben, kann es unser Muskelgewebe abbauen.

In der Früh ist eine gute Zeit, um höhere Cortisolwerte zu haben. Es weckt uns im Grunde genommen auf und bringt uns in Schwung. Menschen, die unter chronischem Stress leiden, haben morgens ein niedrigeres Energieniveau. Dieses kann ein Zeichen eines fehlenden Cortisolanstiegs am Morgen sein und eine Verschiebung des Stoffwechsels und des Hormonhaushalts anzeigen. Normalerweise sollte der Cortisolspiegel morgens hoch und abends niedrig sein.

Wenn Menschen gestresst sind, kann sich dies umkehren, niedrig am Morgen und hoch in der Nacht. Im Laufe der Zeit sind die Werte dauerhaft niedrig, was zu Energielosigkeit und Depressionen führen kann. Der chronische Stress und die Überproduktion von Cortisol sind ebenfalls mit der Alterung des Gehirns verbunden.

Das böse Bauchfett

Cortisol wird hauptsächlich in den Nebennieren produziert, aber es gibt noch einen anderen Ort, an dem es produziert werden kann, im Bauchfett. Das tiefe Bauchfett, genannt viszerales Bauchfett, enthält ein Enzym namens 11-beta-Hydroxysteroid-Dehydrogenase (11-HSD). Dies ist ein Enzym, das inaktives Cortison in aktives Cortisol umwandelt. Das bedeutet, dass Bauchfett sein eigenes Cortisol produzieren kann! Zudem hat das viszerale Bauchfett die mit Abstand höchste Dichte an Cortisolrezeptoren.

Zum allen Überfluss erhöht der Gegenspieler Insulin die 11-HSD Aktivität, was wiederum dazu führt, dass Cortisol noch höher ansteigt und als Folge eine erhöhte Insulinresistenz verursacht. Auf diese Weise wirkt das Bauchfett wie ein Parasit, der sein Wachstum zum Nachteil des Wirtes sicherstellt.

Du kennst es bestimmt auch, es gibt viele Situationen, in denen hartnäckiges Bauchfett trotz aller Bemühungen mit Diät und Sport zurückbleibt. Manchmal kann eine zusätzliche Stunde im Bett, um Cortisol zu senken, eine bessere Strategie sein, als eine zusätzliche Stunde auf dem Laufband. Auf diese Weise wirkt das Bauchfett wie ein Parasit, der sein Wachstum zum Nachteil des Wirtes sicherstellt.

Ernährung, Bewegung und Lebensstil

Die drei besten Möglichkeiten zur Kontrolle von Cortisol sind die Ernährung, Bewegung und der Lebensstil.

Und die drei einfachsten Möglichkeiten zur Beurteilung, ob Cortisol ausgeglichen ist, sind der Appetit, Hunger und die Energie.

Überprüfe deine **Energie**, deinen **Hunger** (physisch) und deinen **Appetit** (psychisches Verlangen) auf einer **Skala von 1 bis 10**. Hunger erzeugt ein Gefühl im Bauch. Es ist das Gefühl einer unangenehmen Leere. Der Appetit wird im Kopf wahrgenommen, er ist unbewusster.

Auf diese Weise erhältst du Hinweise auf deinen Cortisol-spiegel. Auf einer Skala von **1 bis 10 (1 = niedrig; 10 = hoch)**, sollte dein **Appetit und Hunger unter 5** liegen und dein **Energieniveau über 5**.

Wenn du unkontrollierbaren Appetit, Heißhunger und Energieeinbrüche bemerkst, kann es ein sicheres Zeichen sein, dass Cortisol aus dem Gleichgewicht geraten ist.

Kurze, intensive körperliche Aktivität oder Kraft- bzw. Widerstandstraining sowie langsame Entspannungsübungen sind die besten Möglichkeiten, um den Cortisolspiegel dauerhaft zu stabilisieren. Im Falle einer kurzen intensiven Belastung ist das Cortisol zusammen mit dem Wachstumshormon (HGH) und den Katecholaminen erhöht. Das ist gut für die Fettverbrennung. Außerdem verhindern verkürzte Trainingseinheiten Kompensationshunger und damit auch die Wahrscheinlichkeit, die katabole (muskelabbauende) Phase zu erreichen.

Bei längerem Training kann sich erhöhter Appetit oder Heißhunger und damit ein geringeres anaboles (muskelaufbauendes) Potential entwickeln. Das ist ein Grund, warum Sprinter und Marathonläufer so unterschiedlich aussehen. Natürlich spielen genetische Faktoren hierbei die größte Rolle.

Eine weitere Möglichkeit Cortisol zu senken, besteht darin, das Training mit langsamen, entspannenden Bewegungen, wie einem Spaziergang zu beenden. Spaziergehen ist eine der besten Möglichkeiten, Cortisol zu senken. Und es hat sich als noch effektiver erwiesen, wenn es in der Natur geschieht.

Cortisol und die Low-Carb Diät

Der Hauptverantwortliche für den Muskelverlust während einer Diät ist der chronisch erhöhte Cortisolspiegel.

Cortisol hat viele Funktionen, einschließlich der Mobilisierung von Energiereserven, um Energie zu liefern und den Blutzuckerspiegel zu erhöhen. Dein Körper ist bestrebt, den Blutzuckerspiegel stabil zu halten. Wenn der Blutzuckerspiegel sinkt (Hypoglykämie), kommt es in der Regel zu Heißhungerattacken, die zur Nahrungsaufnahme und zur Erhöhung des Blutzuckers führen oder zur Freisetzung der gespeicherten Glucose in den Blutkreislauf.

Die Hormone, die den Blutzuckerspiegel erhöhen, sind Cortisol, Glucagon und bis zu einem gewissen Grad auch HGH. Alle drei werden in Zeiten der Kalorienrestriktion tendenziell ansteigen. Das aus den Nebennieren freigesetzte Cortisol mobilisiert bei Bedarf Aminosäuren aus Muskelgewebe, um die Verfügbarkeit von Glucose durch Gluconeogenese zu erhöhen, wodurch das Cortisol katabolisch (muskelabbauend) wird.

Cortisol wird während eines intensiven, anaeroben Trainings freigesetzt, um den normalen Glucosespiegel aufrechtzuerhalten. Die Menge des gespeicherten Glykogens hat einen direkten Einfluss auf die Freisetzung von Cortisol, das durch das Training stimuliert wird. Je mehr Glykogen gespeichert ist, desto weniger Cortisol wird freigesetzt, und je weniger Glykogen vorhanden ist, desto mehr Cortisol wird freigesetzt.

Daraus ergibt sich die Annahme, dass ein anhaltender Glykogenabbau infolge einer längeren Low-Carb-Diät zu chronisch erhöhten Cortisolwerten führen kann. In ähnlicher Weise führen kohlenhydratreduzierte Diäten auch zu einer erhöhten Cortisolreaktion während des Trainings. Durch eine Low-Carb und ketogene Diät kann die Körperform verbessert und die aerobe Leistungsfähigkeit gesteigert werden.

Es konnte nachgewiesen werden, dass kohlenhydratarme und ketogene Diäten wirkungsvolle Methoden sind, vorausgesetzt, dass sie korrekt angewendet werden. Die falsche Anwendung dieser Diäten kann schwerwiegende Auswirkungen auf den Hormonhaushalt haben. Ein hormonelles Ungleichgewicht beeinflusst den Cortisolspiegel sowie die Funktion von Testosteron, Cortisol und den Schilddrüsenhormonen auf negative Weise. Das Endergebnis ist eine Verminderung des Muskelwachstums und der Körperform.

Eine Low-Carb-Diät kann dich durchaus dick und schwammig machen. Low-Carb und ketogene Diäten beeinflussen die Hormone und den Stoffwechsel. Mit dem richtigen Verständnis kann man diese Diäten sinnvoll einsetzen, um seine Körperform zu verbessern, indem man die Fettverbrennung beschleunigt und das Muskelwachstum erhöht.

Cortisol und der Biorhythmus

Es gilt, den Alltagsstress zu lösen und Cortisol wieder in Einklang mit dem Biorhythmus zu bringen. Chronischer Stress lässt den Körper Cortisol absondern, welches die Schlaf- und Muskelaufbauhormone unterdrückt. Dieses Problem wird heutzutage noch dadurch verschärft, dass wir bis spät in die Nacht der elektronischen Strahlung ausgesetzt sind, indem wir am Computer arbeiten oder unser Smartphone unentwegt benutzen.

Zu viel Stresshormone können die Bildung von Melatonin überlasten und den Schlaf ruiniere. Dies zwingt uns wach zu bleiben, wenn wir schlafen sollten und es verwirrt unseren natürlichen zirkadianen Rhythmus.

Chronisch erhöhte Cortisolspiegel unterdrücken die Schlaf- und Muskelaufbauhormone (HGH und Testosteron). Hierdurch können Entzündungsreaktionen und die Insulinresistenz verstärkt und das Risiko von Stoffwechselstörungen erhöht werden.

Stress sollte eine kurzfristige und sporadische Reaktion sein, die uns hilft, schnell zu laufen, hoch zu springen und stark zu sein, wenn unser Leben in Gefahr ist. Dieser chronische Stress und die Reizüberflutung halten uns nachts wach und die Schlafstörungen verschlimmern die Situation noch weiter.

Wir produzieren nicht genug Melatonin, um die Stressproduktion in den Nebennieren zu hemmen oder genug GABA, um die überreizten Neuronen in unserem Gehirn auszuschalten. Dies führt zu Schlafstörungen und führt dazu, dass man sich am nächsten Tag noch gestresster fühlt.

Schlafqualität erhöhen

Um Schlafprobleme für immer zu beseitigen, musst du deinen zirkadianen Rhythmus harmonisieren. Dein zirkadianer Rhythmus ist deine biologische Uhr und wird von vielen Faktoren beeinflusst, einschließlich deiner Gene, der Lichteinwirkung, dem Hormonsystem, der körperlichen Aktivität und der Essgewohnheiten. Wenn deine Uhr durch Stress, schlechte Schlafgewohnheiten, Übertraining, Essen zur falschen Zeit oder eine Kombination dieser Dinge defekt oder beschädigt ist, wirst du keinen erholsamen Schlaf finden.

Hier ein grundlegender Überblick, wie die zirkadiane Uhr einwandfrei arbeitet: Am Morgen, wenn du aufwachst, ist deine Körpertemperatur niedrig und du bekommst einen Anstieg an Cortisol, was den Blutdruck erhöht und dir Energie gibt. Im Verlaufe des Tages heizt sich dein Körper auf und deine Körpertemperatur erreicht am späten Nachmittag ihr Maximum. In diesem Zeitraum ist die körperliche Leistungsfähigkeit und Kraft am größten, eine gute Zeit um Höchstleistungen zu liefern.

Fettstoffwechsel anregen

Beim gesunden Menschen ist der Cortisolspiegel gegen Mitternacht am niedrigsten. Das bedeutet man hat weniger Stress, kommt zur Ruhe und die Schlafqualität wird erhöht. Während der Nacht steigt der Cortisolspiegel langsam an und erreicht am Morgen/Mittag seinen Höchstwert. Das bedeutet, dass dein Körper all die freigesetzten Fette als Brennstoff verwenden könnte.

Der Fettverbrennungsprozess ist speziell am Morgen am höchsten, da unser Cortisolspiegel sein Maximum erreicht. Deine evolutionäre „Kampf- und Fluchtreaktion" wird gesteigert, du hast mehr Tatendrang und bist aktiver.

Cortisol wird auch als Stresshormon bezeichnet und sollte grundsätzlich gesenkt werden, um psychische und physische Gesundheitsprobleme (z. B. Adipositas) zu reduzieren. Wir können aber auch einen gelegentlich hohen Cortisolspiegel zu unserem Vorteil nutzen, indem wir körperlich aktiv werden. Dies beschleunigt unseren Stoffwechsel und wandelt negativen Stress in positiven Stress um.

Der Fettstoffwechsel wird angeregt und statt Fett einzulagern und Muskeln abzubauen, indem wir nichts tun, nutzen wir ihn als Brennstoff. Versuche daher Stress nicht mit Junk Food, Süßspeisen oder anderen ungesunden Lebensmitteln zu bekämpfen, wenn du langfristig gesund leben möchtest. Zudem bedeutet die Reduzierung von Kohlenhydraten eine Verringerung von Entzündungsprozessen, des Insulinspiegels und des Körperfetts.

Cortisol Life Hacks

Aktiver Lebensstil

Sei körperlich aktiv im Verlaufe des Tages und bewege dich! Wenn du den ganzen Tag am Schreibtisch sitzt, kann sich das negativ auf den Schlaf auswirken und wirkt sich definitiv nicht gut auf deine Gesundheit aus.

Die gute Nachricht ist, dass kein Fitnessstudio erforderlich ist. Sei aktiv, sitze nicht nur herum, gehe spazieren, stehe auf oder dehne dich mindestens stündlich. Und wenn du es zeitlich schaffst: Betreibe irgendeine Form von Kraft- oder Ganzkörpertraining für eine Stunde, an einigen Tagen in der Woche. Wenn du unter Stress stehst, bewege dich, anstatt ungesundes Essen zu dir zu nehmen.

Unsere Biologie sagt uns bei erhöhten Cortisol: Kämpfe, flüchte oder rette dein Leben. Der Körper ist in einem „Kampf- und Flucht-Modus" und will seine höhere Aktivität in körperlichen Tatendrang ausleben. Die Energie aus den Fettreserven wird bereitgestellt und kann durch Bewegung oder körperliche Aktivität als Kraftstoff genutzt werden.

In der heutigen Zeit sind wir so sehr gestresst, aber wir nutzen die in unseren Körper freigesetzten Nährstoffe nicht als Brennstoff, weil wir uns nicht bewegen.

Stattdessen wird dieser „Nährstoff-Cocktail" wieder in unseren Körper eingelagert. Wir erreichen den Zeitpunkt der Fettspeicherung, indem wir zu Junk Food greifen. Mit zunehmendem Auftreten dieser Stressfaktoren werden unsere Stresshormone erhöht. Wenn wir uns aber nicht bewegen, werden die in unserem Körper freigesetzten Nährstoffe wieder in unseren Fettspeichern zurückgeführt.

Auf diese Weise können wir nicht nur Gewicht zunehmen, sondern auch Muskelmasse verlieren, da Aminosäuren zu einem bestimmten Zeitpunkt aus unseren Muskeln freigesetzt und in Form von Fett gespeichert werden.

Der Hypothalamus ist ein Teil des Gehirns, der an der Freisetzung von Cortisol aus den Nebennieren beteiligt ist. Wenn du einen bewegungsarmen Lebensstil führst, wie etwas lange im Büro zu sitzen oder sportlich inaktiv bist, wird die Aktivität des Hypothalamus herabgesetzt und dein Cortisolspiegel aus dem Gleichgewicht geraten.

Durch Krafttraining oder anderen intermittierenden Trainingsarten, wird dieses Gleichgewicht wieder ausgeglichen, da die Aktivität des Hypothalamus wieder erhöht wird. Es ist besonders wichtig, dass du ein langes Sitzen vermeidest, da ein Mangel an Aktivität dazu führen kann, dass Cortisol und andere Hormone aus dem Gleichgewicht geraten. Körperliche Aktivität oder Krafttraining können dieses Ungleichgewicht bei Menschen, die lange sitzen oder wenig Sport treiben, ausgleichen und so Stress abbauen.

Fettverbrennungsbedingungen optimieren

Fange an mit Sport, idealerweise mit dem Krafttraining oder hochintensivem Training (HIIT). Es erhöht das Verhältnis von Testosteron zu Cortisol und hilft, Cortisol bei Menschen mit gestörtem Stoffwechsel auszugleichen.

Durch die Erhöhung des Cortisolspiegels während des Krafttrainings wird die Fettverbrennung erhöht und die Schmerzempfindlichkeit verringert. Beim Krafttraining erhöhen Cortisol und stimulierende Hormone wie Adrenalin und Wachstumshormon (HGH) die Freisetzung von Fettreserven, so dass der Körper sie als Energiequelle nutzen kann.

Der Insulinspiegel wird zeitgleich herabgesetzt, da Insulin (Gegenspieler von Cortisol) – für die Speicherung von Nährstoffen zuständig ist, vor allem in Muskel-, Fett- und Lebergewebe.

Da die Insulinkonzentration während des Trainings niedrig ist, die Freisetzung des fettspeichernde Hormons Lipoproteinlipase (LPL) blockiert ist und zudem die Konzentration des fettmobilisierenden Hormons Hormonsensitive Lipase (HSL) erhöht ist, haben wir die optimalen Bedingungen für die Fettverbrennung geschaffen.

Junk Food vermeiden

Vermeide kohlenhydratreiche Mahlzeiten und vor allem Junk-Food, gerade in stressigen Lebenssituationen.

Ein ständiges Verlangen nach Essen und Heißhungerattacken, ganz besonders nach Junk Food, sind Hinweise auf ein gestörtes Cortisolniveau. Versuche deine Essgewohnheiten so zu kontrollieren, dass du Heißhungerattacken vermeiden kannst. Beginne mit 5 bis 6 kleineren Mahlzeiten pro Tag, um deinen Stoffwechsel und deinen Hormonhaushalt zu verbessern. Befreie dich von deinen schlechten Ernährungsgewohnheiten, wie dem Verzehr von industriell verarbeiteten, kohlenhydratreichen Lebensmitteln. Wenn es nur gelegentlich passiert, ist es nicht zwangsläufig ein Problem. Sollte dies aber täglich der Fall sein, besteht ein Ungleichgewicht der Stoffwechselhormone.

Dadurch kann es passieren, dass Teile deines Gehirns unempfindlich auf hormonelle Signale werden, um Hunger effektiv zu regulieren.

Chronisch erhöhte Cortisolwerte stumpfen die Fähigkeit ab, eine vernünftige Lebensmittelwahl zu treffen. Es werden Hirnareale aktiviert, die das Verlangen nach genussvoller Nahrung steigern. Dagegen werden Hirnareale, die ein zielgerichtetes Verhalten auslösen, geschwächt.

Das Verlangen nach ungesunden, genussvollen, High-Carb Lebensmitteln, wie etwa Kuchen oder Pizza, kann deutlich zunehmen, wenn der Cortisolspiegel unausgewogen ist.

Der beste Weg ist die vollständige Streichung aller verarbeiteten, zuckerhaltigen Lebensmittel und Junk-Food aus der Nahrung. Falls du gerade erst anfängst, deine Essgewohnheiten umzustellen, ist es ratsam, Schritt für Schritt zu beginnen. Es wird kaum möglich sein, sich über Nacht vollständig auf eine neue Ernährung einzustellen, da der Wunsch nach Genuss und Junk Food noch immer im zentralen Nervensystem verankert ist. In der Praxis bedeutet dies, dass man am Anfang durchaus auf eine sinnvoll zusammengesetzte, „ungesunde" Mahlzeit zurückgreifen könnte.

Zu hohe Cortisolwerte reduzieren auch dauerhaft die Freisetzung von Serotonin. Das „Wohlfühlhormon" Serotonin wird durch kohlenhydratreiche Mahlzeiten erhöht, was zu einem permanenten Anstieg des Verlangens oder sogar einer Abhängigkeit nach Süßwaren und kohlenhydratreichen Mahlzeiten führt. Der Wechsel zwischen High-Carb- und Low-Carb-Tagen kann zu Anfang helfen, die Serotoninausschüttung wieder herzustellen.

Low-Carb und High-Protein

Ernähre dich Low-Carb, nährstoffreich und proteinreich. Eine kohlenhydrat- und proteinreiche Ernährung bewirkt ein hormonelles Gleichgewicht im Körper, da die Insulinreaktion reduziert und die Insulinempfindlichkeit erhöht wird. Insbesondere durch (schnelle) kohlenhydratreiche Mahlzeiten steigt Insulin als Reaktion auf den rasch ansteigenden Blutzuckerspiegel extrem schnell an. Wie bereits erwähnt, wird in dieser Zeit das Fettverbrennungshormon HSL ausgeschaltet und das Fettspeicherhormon LPL eingeschaltet. Es besteht also eine hohe Wahrscheinlichkeit, dass man Fett speichert.

Eine nährstoffreiche Ernährung hat auch den Vorteil, entzündlichen Prozessen durch erhöhte Insulin- und Cortisolwerte entgegenzuwirken. Bestimmte Aminosäuren, B-Vitamine, Magnesium und Zink können die Produktion der Stresshormone, wie Cortisol reduzieren. Ebenso wie Lebensmittel mit vielen Antioxidantien, wie z. B. Beeren (Heidelbeeren) oder grünes Gemüse.

Vorsicht beim Fasten

Das Fasten sollte erst beginnen, wenn deine Stoffwechselhormone im Gleichgewicht sind. Wenn die Hormone wieder im Gleichgewicht sind und du keine heftigen Hungergefühle mehr verspürst und dein Energieniveau ausgeglichen ist, könnte ein intermittierendes Fasten von Vorteil sein. Insbesondere für Männer könnte es sehr nutzbringend sein, das Intervallfasten mit 1 bis 2 Mahlzeiten in den Ernährungsplan aufzunehmen.

Neuere Studien deuten darauf hin, dass Frauen überhaupt nicht fasten sollten. Der Stoffwechsel und die reproduktive Gesundheit könnten beeinträchtigt werden. Schon eine sporadische Kalorienrestriktion kann eine hormonelle Dysregulation verursachen, die zu einer übermäßigen Freisetzung von Cortisol und damit zu einer erhöhten Fettspeicherung oder Übergewicht führen kann.

Männer können dies ebenso erfahren, wenn sie an hormonellen Dysbalancen leiden, aber es ist deutlich weniger verbreitet als bei Frauen. Der entscheidende Punkt ist, so zu essen, dass man nicht unter ständigem Hunger, Gelüsten und Heißhungerattacken leidet.

Trinke nicht durchgängig Kaffee

Kaffee kann viele gesundheitliche Vorteile haben, da es u. a. auch reich an Antioxidantien ist.

Meide den Kaffee, wenn du unter Angst und Panikattacken leidest. Da das Koffein einen extremen Anstieg des Cortisols verursachen kann, können die Symptome bei Menschen mit Angststörungen zunehmen. Das hängt auch davon ab, wie häufig der Kaffee getrunken wird.
Vereinzelter Kaffeekonsum hat einen, mit hoher Wahrscheinlichkeit, sehr hohen Cortisolanstieg zur Folge im Gegensatz zu täglichen, regelmäßigen Konsum.

Kaum hat sich dein Körper an Koffein gewöhnt, erlebst du diese Cortisolspitzen nicht mehr, wie beim ersten, morgendlichen Kaffeekonsum.

Wenn du aber auch im Laufe des Tages Kaffee trinkst (z. B. am Nachmittag), kann es trotz Gewöhnung zu einem erhöhten Cortisolspiegel führen. Dies deutet darauf hin, dass der mehrmalige Konsum von Kaffee bzw. koffeinhaltigen Tee oder Getränken problematisch für die Regulation von Stresshormonen ist. Am ungünstigsten ist dieser Cortisolanstieg bei Menschen, die an Angststörungen oder anderen psychischen Erkrankungen leiden.

Ferner ist bei einer Nebennierenstörung mit einhergehendem Hormonungleichgewicht, die Fähigkeit Koffein zu verstoffwechseln reduziert; das gleiche gilt im Übrigen für Menschen mit bestimmten Erbfaktoren, die Koffein schwieriger abbauen können.

Kaffee zur Leistungssteigerung

Trinke den Kaffee immer genau dann, wenn du maximale Leistung erbringen musst. Koffein erhöht die Leistungsfähigkeit und kann nach einer schlaflosen Nacht den Unterschied ausmachen, in Situationen, in denen Effizienz gefragt ist. Koffein kann die Motivation für das Training wiederherstellen, Ausdauer und Konzentrationsfähigkeit verbessern und körperliche Schmerzen lindern. Der größte

Nutzen für die meisten Menschen besteht aber darin, nicht regelmäßig Koffein zu sich zu nehmen, sondern nur für den Bedarfsfall aufzusparen bzw. gezielt einzusetzen.

Vermeide Koffein nach 14 Uhr

Überlege dir, ob du nicht lieber ganz auf Koffein verzichten solltest, wenn dein Schlafmangel auf einen unruhigen Geist zurückzuführen ist. Selbst morgens eingenommen, kann es speziell bei ängstlichen, nervösen Menschen noch viele Stunden später Schlafstörungen verursachen.

Ausreichende Flüssigkeitszufuhr

Auch ein Flüssigkeitsmangel kann deinen Cortisolspiegel erhöhen und dazu beitragen dein Hormonhaushalt aus dem Gleichgewicht zu bringen. Das Trinken ausreichender Mengen an Wasser anstelle von Limonade oder Sportgetränken ist der einfachste Weg, um das Cortisol und die Dehydrierung zu reduzieren. Trinke nicht zu viel, bevor du zu Bett gehst, um deinen Schlaf nicht zu unterbrechen, durch einen nächtlichen Toilettengang. Vermeide die Austrocknung deiner Zellen: Die Trainingsleistung wird beeinträchtigt, da die Dehydrierung zu einer Verringerung des Körpergewichts um 2 % führt. Zusätzlicher Verlust, 5 % des Körpergewichts oder mehr, kann die Leistung deutlich reduzieren. Wasser allein hat nur eine geringe Hydratationswirkung. Du benötigst auch Natrium und andere Elektrolyte, um die richtige Hydratation während des Trainings zu erreichen.

Essgewohnheiten überprüfen

Bei Schlafmangel solltest du auf deine Essgewohnheiten achten. Schlafentzug erhöht das Cortisol und reduziert die

Insulinempfindlichkeit, was die Wahrscheinlichkeit erhöht, dass wir zu genussvollen, fett- und zuckerhaltigen Lebensmitteln greifen. Auch Neurotransmitter sind betroffen, was uns risikofreudiger werden lässt und unsere Willenskraft herabsetzt. Das Ergebnis ist, dass wir mehr Kalorien pro Tag aufnehmen. Wenn du unter Schlafentzug leidest, ist es wichtig, mehr Selbstdisziplin zu entwickeln und dich selbst zu kontrollieren, um Junk Food und zuckerhaltige Getränke vollständig aus deiner Ernährung zu entfernen.

Feste Schlafenszeit einhalten

Entscheide dich für eine feste Schlafenszeit und folge ihr übers Wochenende. Eine regelmäßige Schlafenszeit nutzt die Kraft der Gewohnheit und hilft dir, deinen natürlichen zirkadianen Rhythmus für dich selbst zu nutzen. Deine Körpertemperatur steigt mit dem Sonnenuntergang, so dass du über Nacht angenehm warm bleibst. Dies geschieht mit der Freisetzung des Hormons Leptin, das den Hunger unterdrückt und dem Gehirn signalisiert, Fett zur Verbrennung freizusetzen, wenn du schläfst. Dabei wird Melatonin freigesetzt, die Gehirnfunktion reduziert und der Schlaf kann beginnen.

Sport zur richtigen Zeit, um den Schlaf zu fördern

Dadurch, dass Sport einen Anstieg des Cortisols bewirkt, kann es sein, dass du vor dem Schlafengehen nicht zur Ruhe kommst und deine Schlafqualität darunter leidet. Dadurch verschiebt sich deine natürliche Cortisol-Kurve im Tagesverlauf und du bist am nächsten Tag möglicherweise sehr träge, inaktiv und nicht mehr so leistungsfähig.

Cortisol macht dich wacher und ist morgens erhöht, um dich aus dem Bett zu holen. Es sollte im Lauf des Tages abfallen. Wenn du aber spät trainierst, arbeitest oder mit dem Alltagsstress noch spät abends zurechtkommen musst, kann es in die Höhe getrieben werden, dich unruhig und wach halten.

Das Training auf nüchternen Magen am frühen Morgen oder Vormittag beschleunigt den Fettstoffwechsel auf ein Höchstmaß. Das Training am späten Nachmittag steigert deine Leistungsfähigkeit. Zwischen 15.00 und 18.00 Uhr ist die ideale Zeit für körperliche Höchstleistungen, da die Körpertemperatur erhöht wird und die Proteinsynthese ihren Höhepunkt erreicht. Am späten Abend ist es nicht ideal für eine erholsame Nacht, da es Melatonin unterdrückt und Cortisol erhöht. Am frühen Morgen ist es vorteilhafter für unseren Biorhythmus, aber die körperliche Leistungsfähigkeit ist zu diesem Zeitpunkt am niedrigsten, da Körpertemperatur und Bewegungskoordination reduziert sind.

Vergiss nicht aktiv zu bleiben, auch wenn du erschöpft bist. Wenn wir nicht genug Schlaf bekommen, bewegen wir uns auch weniger und verbrauchen weniger Kalorien während des Tages. Dadurch wird die Insulinempfindlichkeit im Körper weiter reduziert und wir fühlen uns träge und energielos.

Habe Freude und Spaß bei deinen Aktivitäten, um den natürlichen Wunsch nach Vergnügen zu entsprechen, auch wenn du erschöpft und träge bist aufgrund von Schlafentzug.

Schlafmangel vermindert unsere Begeisterung gegenüber sportlichen Aktivitäten erheblich. Wenn du deine Erschöpfung überwinden kannst, lohnt es sich das Training wie vorgesehen durchzuführen, da die Auswirkungen von

Schlafmangel auf Kraft und Ausdauer relativ gering sind. Eine andere Möglichkeit ist, das Training zu vereinfachen oder zu verkürzen, so dass du deinen Körper auch dann aktiv halten kannst, wenn du schlapp bist.

Verzichte auf Nachtmahlzeiten

Bei regelmäßiger nächtlicher Nahrungsaufnahme wird der Schlafrhythmus behindert, weil die Hormone Leptin und Ghrelin, welche die Melatonin-, Insulin- und Schilddrüsenfunktion beeinflussen, aus dem Gleichgewicht gebracht werden. Der Verzehr einer großen Menge an Kalorien in der Nacht läuft gegen deinen zirkadianen Rhythmus, weswegen es zur Unempfindlichkeit gegenüber dem Hormon Leptin kommen kann.

Bis spätestens 20 Uhr sollte die letzte Mahlzeit eingenommen werden. Es widerspricht deinem zirkadianen Rhythmus nachts zu essen und erhöht die Wahrscheinlichkeit, dass du Körperfett ansammelst, weil deine Hormonkaskade abgeschaltet wird. Studien fanden heraus, dass Menschen, die die meisten ihrer Kalorien nach 20 Uhr einnahmen, täglich deutlich mehr Kalorien und mehr Junk Food konsumierten und eher dazu neigten, schlecht zu schlafen. Sie hatten auch eine wesentlich höhere Wahrscheinlichkeit an Übergewicht zu leiden.

Der Grund dafür ist, dass Insulin relativ niedrig sein muss, um gut schlafen zu können. Wenn der Insulinspiegel sinkt, wird das Hormon Leptin freigesetzt, so dass du nicht hungrig wirst, während du schläfst. Ein höherer Leptinspiegel bewirkt, dass das Schilddrüsenhormon freigesetzt wird, um dich während der Nacht warm zu halten und Fett zu verbrennen, woraufhin Melatonin freigesetzt wird und du in den Schlaf versinkst.

Hochwertige Kohlenhydrate zum Abendessen

Wenn du eine Low-Carb-Diät einhältst, kann die Einnahme vollwertiger Kohlenhydrate während des Abendessens den Schlaf erleichtern. Der Verzehr von Kohlenhydraten fördert die Produktion des Neurotransmitters Serotonin, der beruhigend und schläfrig macht und das Stresshormon Cortisol reduziert, indem er eine verzögerte Freisetzung von Insulin auslöst.

Kohlenhydrate haben den zusätzlichen Vorteil, dass sie nützlich sind und Stress abbauen können. Iss zum Abendessen Vollwertkost wie Süßkartoffeln, Hülsenfrüchte, Linsen und etwas Obst – vorausgesetzt, dass du nicht zu viele Kohlenhydrate während des Tages aufgenommen hast.

Übertreibe es nicht mit Sport

Zu viel intensive Bewegung, besonders wenn es mit einem stressigen Leben oder schlechter Ernährung begleitet wird, kann Cortisol erhöhen und zu Störungen des zirkadianen Gleichgewichts führen. Wenn du aktiv die Regeneration förderst und Stress in Grenzen hältst, ist es unwahrscheinlich, dass dies ein ernsthaftes Problem sein wird. Bei Schlafstörungen könntest du dir jedoch die Frage stellen, ob du nicht doch zu häufig oder zu lange trainierst.

Magnesiumreiche Ernährung

Schlafmangel kann die Magnesiumreserven deines Körpers erschöpfen und deine Kraft und Trainingsleistung reduzieren. Achte auf eine magnesiumreiche Ernährung oder erhöhe deine Magnesiumspiegel durch die Einnahme von

Nahrungsergänzungsmittel, vorzugsweise als Magnesium-Glycinat oder Magnesium-Citrat Verbindung, da diese eine höhere Bioverfügbarkeit haben, also leichter vom Körper aufgenommen werden können.

Vitamin-D-Spiegel

Eine Erhöhung des Vitamin-D-Spiegels kann Schlaflosigkeit reduzieren und den Schlaf verbessern. Bei Vitamin-D Mangel können Schlafstörungen entstehen, da Teile des Gehirns, die für den Schlaf verantwortlich sind, eine große Konzentration an Vitamin D3-Rezeptoren aufweisen.

Melatonin-Spiegel erhöhen

Melatonin kann die Kerntemperatur und den Schlaf-Wach-Zyklus deines Körpers direkt beeinflussen. Deshalb sind optimale Werte in der Nacht entscheidend für die Schlafqualität. Lebensmittel, die deinen Melatoninspiegel anheben: Bananen, Sauerkirschen, Samen, Kerne oder Nüsse.

Sauerkirschen enthalten Phytamine, die Entzündungen verringern und den Körper veranlassen, mehr Melatonin abzusondern, so dass die Qualität und Dauer des Schlafes deutlich verbessert werden kann. Zusätzlich ist die Einnahme von Melatonin als Nahrungsergänzung wirksam. Zwischen 0,5 und 5 Gramm werden empfohlen, um das Einschlafen, die Schlafdauer und Schlafqualität zu erhöhen.

Ashwagandha

Ein absolutes Muss, um Stress abzubauen, abzunehmen und Muskeln aufzubauen. Ashwagandha ist ein indisches Heilkraut, das in der ayurvedischen Medizin verwendet wird. Es ist ein starkes Antioxidans, das die Vitalität, die Libido und das Immunsystem verbessert. Es unterstützt dich beim Abnehmen, indem es erhöhte Cortisolspiegel effektiv senkt, den Blutzucker reguliert und die Insulinempfindlichkeit erhöht.

Habe Freude im Leben

Genieße das Leben, lache und suche die Gesellschaft von Menschen. Aktivitäten, die dich glücklich machen, bauen Stress ab und bringen deinen Cortisolspiegel wieder ins Gleichgewicht. Dadurch wird die Aktivität von Teilen deines Gehirns reduziert, wie die des Hypothalamus, der an der Freisetzung von Stresshormonen aus den Nebennieren beteiligt ist. Da sich das parasympathische Nervensystem entspannt, hat dies auch eine beruhigende Wirkung auf den Körper.

Top Cortisol Life Hacks

Low-Carb, High-Protein & -Fett Frühstück

Das Sprichwort, dass das Frühstück die wichtigste Mahlzeit des Tages ist, trifft zu. Es wird nicht nur deine Neurotransmitter für den Rest des Tages einstellen, es wird dir auch deine Energie, Konzentration und mentale Schärfe erhöhen, sofern du die richtigen Nährstoffe zu dir nimmst.

Wenn du produktiv sein möchtest, solltest du das Frühstück nicht auslassen. Dein Körper verfügt über zwei primäre Energiequellen: Kohlenhydrate und Fette. Er schaltet ständig zwischen diesen beiden um, abhängig von vielen Faktoren, wie dem Blutzuckerspiegel.

Wenn du Proteine und Fette früh am Tage einnimmst und Kohlenhydrate vermeidest, wird sichergestellt, dass dein Körper effizienter die Fette als die primäre Energiequelle nutzt. Die Einnahme von Kohlenhydraten am frühen Morgen erhöht den Blutzuckerspiegel erheblich und die

Fettverbrennung wird gehemmt, da nun Kohlenhydrate als der primäre Brennstoff genutzt wird.

Am Morgen ist der Cortisolanstieg am höchsten, der Fettstoffwechsel wird angekurbelt und der Körper nutzt vermehrt Fett als Brennstoff. Die Einnahme von Kohlenhydraten aber stoppt den Fettabbau.

Bei späterer Einnahme von Kohlenhydraten besteht die Möglichkeit schlank zu werden, sofern die Kalorienbilanz nicht positiv ist und du keine ungesunden Lebensmittel verzehrst. Wenn die Kalorienaufnahme nicht höher ist als der Kalorienverbrauch und du am Morgen auf deine Kohlenhydrate verzichtest, könntest du dein Gewicht aufrechterhalten oder sogar abnehmen, ohne Sport treiben zu müssen.

Weitere Vorteile des Low-Carb Frühstücks

- Kohlenhydrate erhöhen den Ausstoß des „Wohlfühlhormon" Serotonin. Bei vielen Menschen kann dies ein Gefühl von Entspanntheit oder Müdigkeit auslösen. Vielleicht kommt es dir bekannt vor nach kohlenhydrathaltigen Mahlzeiten schläfrig zu werden, sodass du am liebsten ein Mittagsschläfchen machen würdest

- Dein Fokus und deine mentale Energie werden durch den Verzicht von Kohlenhydrate erhöht. Du bist in der Lage mehr Leistung zu bringen, sei es im Beruf, beim Krafttraining oder bei anderen sportlichen Aktivitäten.

- Die Einnahme von Kohlenhydrate vor dem Krafttraining kann die Ausschüttung von Wachstumshormonen hemmen. Du willst diese aber während des Trainings triggern, um Muskelzuwächse zu optimieren

Ausnahmen:

Der ektomorphe Stoffwechsel-Typ („Hardgainer") hat besonders Schwierigkeiten Muskelmasse aufzubauen und könnte durchaus Kohlenhydrate in seinen morgendlichen Ernährungsplan einplanen. Erkennen, ob du der ektomorphe Typ bist, kannst du anhand von anatomischen Merkmalen (u. a. überdurchschnittliche Körpergröße, kurzer Oberkörper, lange Arme und Beine, schmale Hüfte und Schultern). Wenn du einen stabilen Körperfettanteil von unter 10 % (Männer) / 15 % (Frauen) hast, du über das ganze Jahr definierte Bauchmuskeln hast, kann es sinnvoll sein Kohlenhydrate auch am Morgen aufzunehmen, besonders wenn dein primäres Ziel es ist Muskelmasse aufzubauen.

Ein nährstoffreiches Low-Carb Frühstück erhöht sowohl Dopamin als auch Acetylcholin, die beiden wichtigsten Neurotransmitter für Fokus und Antrieb und stellt sicher, dass deine Aufmerksamkeitsspanne und Konzentration erhöht wird. Ein proteinreiches Frühstück kann langanhaltende Energieniveaus sicherstellen und deine Produktivität steigern und das bis in den späten Nachmittag.

Nährstoffreiche Nahrungsmittel wie Fleisch, Nüsse oder grünes, ballaststoffreiches Gemüse (auch wenn es anfangs ungewohnt ist), können dir dabei helfen den Cortisolspiegel ins Gleichgewicht zu bringen. Die Kombination aus Fleisch und Nüssen sorgt für einen langsamen Anstieg des Blutzuckers, der über einen längeren Zeitraum stabil bleibt. Ernähre dich Low-Carb am Morgen und spare dir deine Kohlenhydrate für den späteren Teil des Tages auf. Kohlenhydrate am Abend helfen dir das Cortisol zu senken und ermöglichen einen tiefen, erholsamen Schlaf.

Erhöhung der metabolischen Flexibilität

Einen flexiblen Stoffwechsel zu haben bedeutet, zwischen Fetten und Kohlenhydraten zur Energiegewinnung umschalten zu können. Dies bedeutet, dass der Körper den Blutzucker bei der Aufnahme von Kohlenhydraten reguliert, im Wesentlichen durch die Verbrennung von Glucose.

Bei erhöhter Insulinempfindlichkeit der Fettzellen kann die Glucose nicht als Brennstoff genutzt werden und wird stattdessen in den Fettdepots eingelagert. Durch Kombination von Kohlenhydraten und Fetten hemmst du deinen Stoffwechsel, weil gerade dadurch die Fettverbrennung unterdrückt wird. Durch die Aufnahme von kurzkettigen Kohlenhydraten kannst du diesen Prozess noch einmal um eine Stufe verstärken, da der Insulinspiegel rasch in die Höhe springt.

Besonders am Morgen bremst du dadurch deinen Fettstoffwechsel und statt mehr Fett durch eine sinnvolle Ernährung und/oder Sport zu verbrennen, lagerst du Fett ein

Das Timing ist entscheidend und einen großer Fehler, den du machen könntest, ist den Zeitpunkt deiner Nahrungsaufnahme zu vernachlässigen, um Muskeln aufzubauen und gleichzeitig Fett zu verbrennen.

Morgens kannst du von deinem hohen Cortisolspiegel profitieren, indem du während dieser Zeit trainierst. Da das Training den Cortisolspiegel auf natürliche Weise erhöht, erreichst du noch bessere Ergebnisse bei der Fettverbrennung.

High-Carb nach dem Training

Wie gesagt, Kohlenhydrate können die Serotoninfreisetzung erhöhen und das Cortisol reduzieren. Müdigkeit und Trägheit sind die Folge und der Fokus und die Leistungsfähigkeit können sich reduzieren. Zusätzlich wird die Freisetzung von Wachstumshormonen durch die Aufnahme von Kohlenhydraten gehemmt. Aus diesem Grund ist es meist besser, vor dem Training auf Kohlenhydrate zu verzichten.

Konzentration und Antrieb sind entscheidend beim Training. Das bedeutet, dass du einen hohen Acetylcholin- und einen hohen Dopamin-Spiegel haben möchtest.

Die besten Lebensmittel, um diesen Zustand zu erreichen, sind rotes Fleisch und Nüsse. Rotes Fleisch liefert Tyrosin und Phenylalanin. Fisch und weißes Fleisch sind eine schlechte Wahl (2-3 Stunden) vor dem Training.

Um die Stolperfallen einer Low-Carb-Diät zu vermeiden, empfehle ich dir, deine Kohlenhydrate während oder nach dem Training aufzunehmen. Zu anderen Tageszeiten empfiehlt sich eine Low-Carb Ernährung (besonders am frühen Morgen), um Fett zu reduzieren.

Bei intensiven, anaeroben Übungen nutzt dein Körper hauptsächlich Glucose aus Blutzucker, Muskelglykogen, hepatischer Glucose und Gluconeogenese für die Energieversorgung. Dein Körper verwendet auch Glucose, um Muskel- und Leberglykogen nach dem Training wieder aufzufüllen. Zum Glück ist dein Körper ökonomisch und sparsam und wird die einfachste, am meisten vorhandene Quelle als Erstes nutzen und dein Muskelgewebe bis zum Schluss schonen.

Nährstoff-Timing

Das Timing der Nährstoffversorgung ist entscheidend für die Fettverbrennung und den Muskelaufbau. Kohlenhydrate unterdrücken nicht nur das Cortisol und seine katabole Wirkung, sie führen auch zur Sekretion des anabolen Hormons Insulin.

Wenn dein Training die 60 Minuten deutlich überschreitet, wird auch dein Cortisol weiter ansteigen. Wenn das Training länger als 60 Minuten dauert, steigt auch das Cortisol weiter an. Das Problem ist, dass wir dann den gegenteiligen Effekt von Cortisol erreichen, weil wir ab einem bestimmten Zeitfenster kein Fett mehr verbrennen, sondern einen katabolen, muskelabbauenden Effekt erzielen (der Körper neigt dazu, Aminosäuren aus unseren Muskeln als Brennstoff zu verwenden).

Das wiederum belastet unseren Körper nachhaltig und beeinträchtigt die Regeneration. Das Training sollte nach einer Stunde beendet sein.

Wenn du nach 60 Minuten noch genug Energie hast, dann hast du nicht hart genug trainiert! Trainiere fokussiert und mit Antrieb, sodass deine Muskeln und dein Nervensystem so erschöpft sind, dass du aufgeben musst.

Insulin ist der Gegenspieler von Cortisol. Wenn Cortisol erhöht ist, sinkt Insulin und umgekehrt. Da wir Cortisol für etwa 45 Minuten lang auf hohem Niveau halten wollen, ist es wichtig, den Insulinspiegel niedrig zu halten. Auf Kohlenhydrate sollte man daher vor dem Training ganz verzichten.

Studien haben zudem gezeigt, dass höhere Cortisolwerte während des Trainings direkt proportional zur Kraftsteigerung und zum Muskelwachstum sind. Die Zufuhr von Kohlenhydraten und Proteinen kann die Produktion von Cortisol hemmen und den Abbau von Muskelgewebe verhindern.

Das gezielte Nährstoff-Timing ab 30 Minuten Trainingszeit kann den Trainingsfortschritt erheblich steigern. Durch die Proteinzufuhr während des Trainings schonst du das Muskelgewebe, verhinderst den Proteinabbau und stellst deinen Körper auf Regeneration und Wiederaufbau ein.

Steht während des Trainings wenig Insulin zur Verfügung, raubt Glucagon der Muskulatur die Aminosäuren und wandelt sie in Glucose um.

Ausnahmen:

Für den Fall, dass du der ektomorphe Stoffwechsel-Typ bist oder sehr intensiv und/oder lange trainierst (min. 60 Minuten), kann die Einnahme von schnell verwertbaren Kohlenhydraten (z. B. in Form von Maltodextrin) zu Beginn oder nach 30 Minuten hartem Training sinnvoll sein. Der „Pump" kann dabei erhöht werden und katabole Prozesse der Muskulatur können frühzeitig verhindert werden,

Nach dem Training: Cortisol senken

Nach dem Training ist es wichtig, dass überhöhte Cortisol zu senken, auf Anspannung folgt Entspannung. Ziel ist es Cortisol zu senken und Insulin zu erhöhen durch schnell verwertbare, kohlenhydrat- und proteinreiche Mahlzeiten.

Auf diese Weise können mehr Proteine in die Muskelzellen aufgenommen werden, die Glykogenspeicher werden aufgefüllt und der Stoffwechsel wird angeregt.

Durch die hohe Insulinspitze erhöhst du den anabolen, muskelaufbauenden Effekt des Krafttrainings. Bei der Einnahme von Kohlenhydraten mit niedrigem glykämischen Index (GI), wie langkettigen Kohlenhydraten, bleiben jedoch nicht alle Vorteile der hohen Insulinspitzen erhalten.

Der Fettverbrennungseffekt nach dem Training ist aufgrund der hohen Insulinspitze bzw. der höheren Blutzuckerwerte deutlich ausgeprägter. Aus diesem Grund ist es wichtig, High-Carb Mahlzeiten mit einem hohen GI-Index, d. h. kurzkettige Kohlenhydrate zu sich zu nehmen, um den Blutzucker- bzw. Insulinspiegel zu erhöhen.

Durch langsam verwertbare Kohlenhydrate nach dem Training werden die Glykogenspeicher also nicht in dem Maße aufgefüllt, wie dies bei schnell verwertbaren der Fall ist, da die Insulinempfindlichkeit (die Fähigkeit Kohlenhydrate in die Muskulatur aufzunehmen) direkt nach einem kurzen, harten Training am größten ist.

Nutze dieses Zeitfenster aus, um deine Muskelglykogenspeicher optimal aufzufüllen, was eine bessere Regeneration bedeutet und für die nächste Trainingseinheit von Vorteil sein wird.

Durch langsam verwertbare Kohlenhydrate wird die anabole (muskelaufbauende) Phase nicht ausgenutzt. Du hast dir deine schnellen Kohlenhydrate durch sehr anstrengendes, körperlich beanspruchendes Krafttraining verdient, nimmst sie aber nicht ein.

Vielmehr verlangsamt sich der Fettverbrennungsprozess, die Kohlenhydrate bleiben länger im Körper und wandern nach einiger Zeit in die Fettspeicher. Nach dem Training ist also der beste Zeitpunkt deine High-Carb Mahlzeit zu dir zu nehmen.

Zusammenfassung

Chronisch erhöhtes oder kontinuierlich unterdrücktes Cortisol kann schädlich sein. Der Schlüssel ist die Balance. Es geht darum, chronischen Stress zu reduzieren, um Cortisol mit anderen Hormonen auszugleichen.

Hormone wirken nie isoliert. Es ist falsch über die Wirkung eines einzelnen Hormons nachzudenken, da sich die Hormone je nach dem hormonellen Umfeld, in dem sie sich befinden, unterschiedlich verhalten.

Im Gleichgewicht mit anderen Hormonen kann die Fettverbrennung durch kurzzeitige, erhöhte Cortisolwerte beschleunigt werden. Die natürliche Cortisol Kurve sollte so aussehen, dass das Cortisol morgens zunimmt und tagsüber bis in die Nacht zurückgeht.

Während des Trainings arbeitet Cortisol mit anderen fettverbrennenden Hormonen, um die Fettfreisetzung zu erhöhen. Diese Hormone (Cortisol, HGH, Testosteron und die Katecholamine) wirken synergetisch, um Fett zu verbrennen.

Cortisol kann das Verlangen nach Junk Food auslösen – und gleichzeitig die zielorientierten Zentren des Gehirns abschalten und die Belohnungszentren des Gehirns hochfahren. Eine Kombination aus fettreicher und zuckerreicher Ernährung stört die normale Stoffwechselregulation vollständig.

Diese Kombination bedeutet nicht nur eine kalorienreichere Ernährung, sondern scheint uns auch in Zukunft nach diesen Nahrungsmitteln zu lechzen (Cortisol + Insulin = Fettzunahme). Die Kombination aus hoher Fett- und Zuckeraufnahme verändert unsere Neurochemie in einer Weise, welche die natürliche Fähigkeit zur Selbstkontrolle bei der Nahrungsauswahl und Kalorienaufnahme stört.

Die drei besten Möglichkeiten zur Kontrolle von Cortisol sind die Ernährung, Bewegung / Sport und der Lebensstil.

Mit den Life Hacks kannst du Cortisol wieder in Balance bringen. Mit den Top Life Hacks kann die Fettverbrennung noch gezielter angekurbelt werden.

Die drei einfachsten Möglichkeiten zur Beurteilung, ob Cortisol ausgeglichen ist, sind der Appetit, der Hunger und die Energie.

Chronischer Stress oder dauerhaft erhöhte Cortisolwerte sollten vermieden werden. Dauerhaft erhöhtes Cortisol ist gesundheitsschädlich. Wer an chronischem Stress leidet, sollte sich mehr auf entspannende Aktivitäten konzentrieren. Entspannungstechniken wie die progressive Muskelentspannung oder das autogene Training sowie Yoga, Meditation und Spaziergänge helfen, Cortisol dauerhaft auszugleichen.

Vereinzelt können kurze, intensive Trainingseinheiten zur Steigerung der Fettverbrennung durchgeführt werden. Kurzzeitiger, akuter Stress bzw. Anstieg des Cortisolspiegels kann vorteilhaft sein, wenn er nicht mit Junk Food bekämpft wird, sondern in Form von kurzen, intensiven Trainingseinheiten (HIIT, Krafttraining).

Ein kurzzeitiger Anstieg des Cortisolspiegels ist ein natürlicher, physiologisch Vorgang. Frühsport ist eine sehr gute Möglichkeit, um von der Zunahme des Cortisols zu profitieren und den Fettstoffwechsel anzuregen.

BONUS: Rezepte

Rezept 1: Hähnchen auf Curry-Reis

Nach dem Training: High-Carb & -Protein, Low Fat

Zutaten:

2 Portionen

- 250 g Hähnchenbrustfilet
- 125 g Zwiebeln
- 1 Knoblauchzehe
- 25 g Ingwerwurzel
- ½ rote Paprikaschote
- 150 g Reis (z. B. Basmati)
- 1,5 EL Kokosfett
- Salz
- Pfeffer
- 2 TL Currypulver

- 350 ml Geflügelfond
- ¼ Bund Koriandergrün
- 50 g Joghurt (fettarm)
- 1 EL Limettensaft

Zubereitung:

1. Die Hähnchenbrust in kleine Würfel schneiden. Die Zwiebel klein schneiden. Den Knoblauch und Ingwer fein hacken. Die Paprika in kleine Stücke schneiden.
2. Den Reis in einem Küchensieb gründlich waschen und abtropfen lassen. Das Kokosfett in einem Topf erhitzen.
3. Das Geflügelfleisch goldbraun anbraten und mit Salz und Pfeffer würzen. Herausnehmen und beiseite stellen. Zwiebel, Knoblauch, Ingwer und Paprika in dem Fett anbraten. Den Reis zugeben und unter ständigem Rühren für zwei Minuten dünsten. Das Currypulver überstreuen und eine Minute durchrühren. Den Fond zugeben und salzen. Zum Kochen bringen, zugedeckt bei niedriger bis mittlerer Hitze etwa 30 Minuten köcheln lassen, dabei hin und wieder durchrühren.
4. Das Geflügel ca. 15 Minuten vor Ende der Garzeit zugeben. Koriander klein schneiden und mit dem Joghurt unter den Reis mischen. Mit Salz, Pfeffer und Limettensaft abschmecken.

Rezept 2: Brokkoli-Omelett

Frühstück: Low-Carb, High-Protein & -Fat

Zutaten:

2 Portionen

- 200 g Brokkoli
- 30 g Zwiebel
- 1 Knoblauchzehe
- 20 g Lauchzwiebel
- 50 ml Sahne
- 3 Eier
- 1 EL Kokosfett
- 20 g geriebener Emmentaler
- Salz und Pfeffer

Zubereitung:

1. Den Brokkoli waschen, in Röschen zerteilen und in kochendem Salzwasser etwa 5 Minuten bissfest garen. Anschließend abgießen und beiseite stellen.
2. Eier und Sahne verquirlen und mit Salz und Pfeffer würzen.
3. Lauchzwiebel, Knoblauch und Lauchzwiebel zerkleinern. Das Kokosfett in einer Pfanne erhitzen und die Zwiebel, Knoblauch, Lauchzwiebel zusammen mit dem Brokkoli kurz anbraten.
4. Nun die Eiersahne darüber gießen und bei mittlerer Temperatur etwa 5 Minuten stocken lassen. Zum Schluss nur noch den Käse auf dem Omelett schmelzen lassen.

Rezept 3: Ofen-Gemüse mit Hühnchen

Mittagessen: Low Carb, High Protein

Zutaten:

2 Portionen

- 1 rote Zwiebel
- 2 Paprika
- 300 g Hähnchenbrust
- 400 Brokkoli
- 2 EL Olivenöl |
- 2 Schalotte
- Salz und Pfeffer |

Zubereitung

1. Den Ofen auf 220 Grad vorheizen. Zwiebel grob zerkleinern. Paprika und Hähnchenbrust in Würfel schneiden, Brokkoli in Röschen zerteilen und alles in eine Auflaufform gleichmäßig verteilen.
2. Mit Olivenöl und den Gewürzen verfeinern und ungefähr 20 Minuten im Ofen garen.

Rezept 4: Fleischbällchen mit Nüssen

Frühstück: High Proten & -Fat, Low Carb

Vorteile des Nuss & Fleisch Frühstücks

- reduzierter Appetit
- erhöhter Fokus und Konzentration
- verbesserte Stimmung
- erhöhter Antrieb
- beschleunigter Fettabbau

Zutaten:

1 Portion

- 200 g Rinderhackfleisch
- Oliven- oder Avocado-Öl
- ½ TL Knoblauchpulver
- ½ TL Salbei
- ¼ TL Rosmarin
- ¼ TL Thymian
- ¼ TL Muskatnuss
- ½ TL Himalayasalz oder Meersalz
- ½ TL schwarzer Pfeffer
- ¼ Tasse Nüsse (z. B. Walnüsse, Haselnüsse)

Zubereitung:

- Alle Gewürze in einer kleinen Schüssel mischen.
- Das Hackfleisch in eine Schüssel geben und die Gewürzmischung hinzufügen. Das Rindfleisch und die Gewürze mit den Händen gut vermischen.
- Das Rindfleisch zu 4 Fleischbällchen formen. Öl in einer Pfanne bei mittlerer Temperatur erhitzen. Die Fleischbällchen anbraten.
- Sobald die Fleischbällchen halb angebraten sind (sollte ca. 5 Minuten dauern), umdrehen und auf der anderen Seite weitere 5 Minuten braten.
- Zusammen mit Nüsse deiner Wahl servieren und genießen

Rezept 5: Avocado-Quinoa-Salat mit Hähnchen

Abendessen: Nährstoffreiche Mahlzeit

Zutaten:

2 Portionen

- 100 g Quinoa
- Salz
- 25 g Cashewkerne
- 150 g Hähnchenbrust
- Pfeffer
- ½ EL Öl
- ¼ TL Currypulver
- ½ Limetten
- ¼ Bund Lauchzwiebeln
- ½ rote Chilischote
- ½ Avocado
- ½ Dose Mais
- Tomaten
- 1 EL Olivenöl

Zubereitung:

- Quinoa kurz waschen, in einem Kochtopf mit der doppelten Menge Salzwasser zum Kochen bringen und ca. 15 Minuten kochen. Abgießen, abtropfen und abkühlen lassen.
- Die Cashewnüsse in einer Pfanne (ohne Fett) kurz anrösten. Das Hühnerfleisch in Würfel schneiden und mit Salz und Pfeffer würzen. Das Öl in einer Pfanne bei mittlerer Temperatur erhitzen. Die Fleischstücke unter Wenden goldbraun anbraten. Currypulver darüber streuen und gut vermischen. Das Fleisch entnehmen und abkühlen lassen.
- Den Limettensaft aus der halben Limette auspres-sen. Lauchzwiebeln in Ringe schneiden und die halbe Chilischote in Längsrichtung schneiden, entkernen und auch in dünne Ringe schnei-den. Die Avocado halbieren, die Kerne und das Fruchtfleisch herausnehmen. Die eine Hälfte der Avocado in Scheiben schneiden. 1 EL Limetten-saft darüber träufeln. Den Mais in ein Sieb legen und abtropfen lassen. Die Tomaten entkernen und das Fruchtfleisch in Stücken schnei-den.
- Alle Zutaten mit dem Olivenöl in einer Schüssel vermengen. Mit Limettensaft, Salz und Pfeffer ab-schmecken.

BONUS 2:

Intervallfasten + Training

Das Intervallfasten sollte entsprechend deiner individuellen Bedürfnisse angepasst werden. Frauen, die besonders unter Stress stehen, sollten das Fasten nicht in ihr Berufsleben einbeziehen. Falls du einen stressigen Tag bei der Arbeit hast, könnte es wahrscheinlich schädlich für dich sein, weil es deine Stressreaktion weiter erhöht.

An Trainingstagen empfiehlt es sich auch nicht. Die meisten negativen Auswirkungen des Fastens werden dadurch verursacht, dass man nicht versteht, wie man das Training und das Fasten optimal miteinander verbindet. Das Fasten erfolgt an Erholungstagen. An Trainingstagen ernährt man sich wie gewohnt.

Der Verzicht auf Nahrung kann oft zu Stress im Körper führen. Als Reaktion auf diesen Stress setzt der Körper zunächst Adrenalin und dann Cortisol frei. Ziel ist es, den Blutzuckerspiegel zu erhöhen und Fett zu verbrennen. Genauso verhält es sich bei einem kurzen, intensiven Training.

Das Training am folgenden Morgen ist vielleicht die beste Möglichkeit, die hartnäckigen Problemzonen abzubauen. Das Training im Fastenzustand beschleunigt die Fettverbrennung auf ein Höchstmaß.

Wenn du erhöhten Appetit, Energieeinbrüche und Heißhungerattacken bemerkst, mag das Fasten vielleicht nicht die beste Wahl sein. Ein verlangsamter Stoffwechsel ist ein Hinweis darauf, dass das Fasten nicht länger praktiziert werden sollte. Von diesem Zeitpunkt an fühlt man sich launisch und gereizt und spürt, wie die Muskeln zurückgehen.

Kontrolliere deine Energie, deinen Hunger (körperlich) und deinen Appetit (psychisches Verlangen) auf einer Skala von 1 bis 10. Es ist wichtig, diese 3 Faktoren zu kontrollieren, wenn du eine Diät oder das Fasten in einen Lebensstil verwandeln willst. Hunger und Appetit sollten sich in Grenzen halten (1-5) und die Energie sollte über 5 liegen.

Intervallfasten-Plan

Einsteiger:

- Beginne mit einem Fastenintervall von 12 Stunden in der Zeit von 8 bis 20 Uhr (3-6 Mahlzeiten / Tag)
- Beginne mit einem Fastenrhytmus von 14/10 Stunden in der Zeit von 10 bis 20 Uhr (3-6 Mahlzeiten / Tag)

Fortgeschrittene:

- Beginne mit einem Fastenrhytmus von 16/8 Stunden in der Zeit von 11 bis 19 Uhr (3-4 Mahlzeiten / Tag)

1. Schritt

Setze die Fastenzeit fort, aber reduziere die Anzahl der Mahlzeiten auf 3 (Frühstück, Mittag- und Abendessen) und eine Kleinigkeit für Zwischendurch. Falls du hungrig bist oder abends Heißhunger verspürst, kannst du um 15-16 Uhr eine kleine Mahlzeit (Proteine + Gemüse) oder einen Proteinshake zu dir nehmen.

2. Schritt

Reduziere die Anzahl deiner Mahlzeiten auf 2 reguläre Mahlzeiten und 1 kleine Mahlzeit ((Proteine + Gemüse) oder Proteinshake).

3. Schritt

Wenn du einen sehr stabilen Stoffwechsel hast und vom Fasten profitierst, kannst du die Anzahl auf eine große Mahlzeit am Abend begrenzen und 2 Proteinshakes oder 2 kleine Mahlzeiten (Protein + Gemüse) tagsüber zu dir nehmen.

Training im Fastenzustand

Den nächsten Morgen startest du mit einem kurzen, intensiven Training. Beginnend mit einem HIIT-Training von ca. 10 Minuten, um die fettverbrennenden Hormone zu stimulieren und die Auslöseschwelle für die Freisetzung von HGH und Testosteron zu erreichen. Anschließend führst du ein Ganzkörpertraining bzw. Krafttraining von ca. 20 bis 30 Minuten durch. Nach dem Training könntest du einen Spaziergang von mindestens 30 Minuten zur Senkung des Cortisols einplanen.

0. Vor dem Training: Kaffee + BCAA's + Kokosöl / MCT-Öl

Falls du morgens müde bist, empfiehlt sich die Einnahme von Kaffee, Kokosöl und BCAA's. Kokosöl bzw. MCT-Öl regt den Fettstoffwechsel an, ohne eine Insulinreaktion hervorzurufen. Es liefert dem Körper sofort Energie. Kaffee erhöht die Leistungsfähigkeit und erhöht die Lipolyse bzw. Fettverbrennung. Das Koffein steigert die Wärmeproduktion und kurbelt den Stoffwechsel zusätzlich an. BCAA's haben eine Anti-katabole Wirkung, sie können also die muskelabbauenden Effekte während einer Diät, dem Fasten oder Training reduzieren.

1. HIIT-Training (10 Minuten)

Ablauf	Intensitätslevel (1-10)	Dauer
Aufwärmen	3	5 Min.
Laufen	5	
Laufen (Slow Motion)	1-3	1 Min.
Intervalle	Je nach Konditionierungs-grad	
Sprint (moderat bis hochintensiv)	5-10	20 Sek.
Laufen (Slow Motion)	1-3	Erholungszeit
Sprint (moderat bis hochintensiv)	5-10	30 Sek.
Laufen (Slow Motion)	1-3	Erholungszeit
Sprint (moderat bis hochintensiv)	5-10	40 Sek.
Laufen (Slow Motion)	1-3	Erholungszeit
Sprint (moderat bis hochintensiv)	5-10	60 Sek.
Laufen (Slow Motion)	1-3	Erholungszeit
Sprint (moderat bis hochintensiv)	5-10	
Abwärmen	1-3	5

2. Krafttraining (30 Minuten)

Nr.	Übung	Sätze	Wdh.	Tempo	Pause
1	Klimmzüge	3	10	4010	60
2	Military Press	3	10	4010	60
3	Glute-Ham Raises	3	7	3020	45
4	Ausfallschritte	3	15	2010	45
5	Plank / Unterarm-stütz*	3	-	-	30

3. Spaziergang (30 Minuten)

Intensives Training führt zu einer erhöhten Fettfreisetzung (Lipolyse), die jedoch nicht mit der Fettverbrennung (Lipidoxidation) gleichzusetzen ist. Das Training sollte daher mit einem gemütlichen Spaziergang von ca. 30 bis 60 Minuten beendet werden, um die Lipidoxidation einzuleiten. Dieses gemütliche Spazierengehen kann im gefasteten Zustand durchgeführt werden. Es senkt das Cortisol und sorgt dafür, dass das freigesetzte Fett tatsächlich verbrannt und nicht zurückgeführt wird.

4. Nach dem Training: High-Carb & - Protein-Mahlzeit (siehe Rezept 1)

Buchempfehlungen

Haftungsausschluss

Das Buch ist nach bestem Wissen und Gewissen verfasst worden. Die Inhalte wurden mit großer Sorgfalt geprüft und aufbereitet. Eine Garantie oder Gewähr für die Vollständigkeit, Richtigkeit und Aktualität der Inhalte kann jedoch nicht übernommen werden. Die Inhalte dieses Buches stellen die persönliche Erfahrung und Meinung des Autors dar und dienen der Unterhaltung. Die Inhalte dürfen nicht mit medizinischer Hilfe verwechselt werden. Es wird keine rechtliche Verantwortung oder Haftung übernommen, die sich aus kontraproduktiven Handlungen oder aus Fehlern des Lesers ergäben. Eine Haftung für Personen-, Sach- und Vermögensschäden ist daher ausgeschlossen. Eine Erfolgsgarantie kann auch nicht ausgesprochen werden. Der Autor übernimmt daher keine Verantwortung für das Nicht-Erreichen der im Buch beschriebenen Ziele.

Impressum

© *John Costello 2018*
Personal Coach
2. Auflage Alle Rechte vorbehalten.
Nachdruck – auch auszugsweise – verboten.
Kein Teil dieses Werkes darf ohne die schriftliche Genehmigung des Autors in irgendeiner Form reproduziert, vervielfältigt oder verbreitet werden. Kontakt: Masiar Mahdavi/ Hallerstr. 3c/ 20146 Hamburg
Coverfoto: depositphotos.com